VENTE

DU VENDREDI 30 JUIN 1911

HOTEL DROUOT, SALLE N° 11

A DEUX HEURES

TABLEAUX

ÉCOLES PRIMITIVES

DES XVIe, XVIIe ET XVIIIe SIÈCLES

SCULPTURES

OBJETS DE HAUTE CURIOSITÉ

ARRIVANT DE L'ÉTRANGER

Me ÉDOUARD FOURNIER
COMMISSAIRE-PRISEUR
29, rue de Maubeuge

M. ARTHUR BLOCHE
EXPERT PRÈS LA COUR D'APPEL
21, boulevard Haussmann

EXPOSITION PUBLIQUE

Le Jeudi 29 Juin 1911, de deux heures à six heures

CONDITIONS DE LA VENTE

Elle sera faite au comptant.

Les adjudicataires paieront *dix pour cent* en sus des enchères.

L'exposition mettant le public à même de se rendre compte de l'état et de la nature des objets, aucune réclamation ne sera admise une fois l'adjudication prononcée.

Paris. — Imp. de l'Art, Ch. Berger, 41, rue de la Victoire

DÉSIGNATION

TABLEAUX

BASSANO (Le)

1 — *L'Arche de Noé.*

BELLINI (Genre de Jean)

2 — *La Vierge en prière.*

BERNINI (Genre de Pierre)

3 — *Tête de Vierge.*

BOTTANI

4 — *La Vierge et l'Enfant Jésus.*
Cadre en bois.

BOURGUIGNON (Le)

5 — *Choc de cavalerie.*

BOURGUIGNON (Le)

6 — *Choc de cavalerie.*

BREUGHEL (dit d'Enfer)

7 — *L'Apparition du Christ.*

Peinture sur bois.

BREUGHEL (Attribué à Jean)

8 — *Adam et Ève dans le Paradis terrestre.*

BREUGHEL le Vieux (École de)

9 — *Le Concert.*

Composition de quatre personnages jouant de la cornemuse, du violon et de la flûte dans une cave.

CARACHE (D'après)

10 — *Le Triomphe de Bacchus.*

Peinture en grisaille.
Cadre en bois sculpté.

CLOUET (École de Jehannet)

11 — *Portrait présumé de Charles IX.*

Représenté en pied, en riche costume de velours blanc brodé d'or, avec manteau garni de fourrure sur les épaules, la main gauche sur la garde de son épée.
Bois.

CORTHALS (L.)

11 — *Nature morte.*

Signé.

COXCIE ou VAN COXCYEN

13 — *La Tendresse maternelle.*

COYPEL (Attribué à ANTOINE)

14 — *La Toilette de Vénus.*

CRAESBEEK (J. VAN)

15 — *Le Marchand de poissons.*

CRAESBECK (J. VAN)

16 — *Le Buveur.*

FECHEN (C.)

17 — *Vue de Dresde.*
Signé et daté.

FRANCK (FRANÇOIS)

18 — *L'Adoration des Mages.*

FRANCK (FRANÇOIS)

19 — *La Sortie des Juifs de l'Égypte.*

FRANCK (FRANÇOIS)

20 — *Joseph vendu par ses frères.*

FOUQUIÈRES (JACQUES)

21 — *Paysage avec figures.*

GOEL (ADRIEN)

22 — *Esther et Assuérus.*

GRIMER (ABEL)

23 — *Le Bon Samaritain.*

HEMMSKERK (Van)

24 — *Ermites en prière.*

HONDEKOETER (genre de)

25 — *Coq, poules et poussins.*

LARGILLIÈRE (Genre de)

26 — *Portrait de Femme.*

La tête tournée de trois quarts vers la gauche, vêtue d'un corsage rouge décolleté, enveloppé d'une draperie en velours bleu brodé d'or.

LEBRUN (Charles)

27 — *Portrait d'Homme.*

Cadre en bois sculpté.

MANDER (Charles Van)

28 — *Moïse sauvé des eaux.*

MICHEL-ANGE (D'après)

29 — *Le Jugement dernier.*

Composition de nombreux personnages.

MIGNARD (Nicolas)

30 — *Portrait présumé du Cardinal Mazarin.*

Cadre en bois sculpté.

MOMMERS (Henri)

31 — *Paysage d'Italie, animé de figures et animaux.*

PERRONEAU (Attribué à J.-B.)

32 — *Portrait de Savant.*

PICON (Signé)

33 — *Le Christ opérant des miracles.*

PLASSCHAERT

34 — *Trompe-l'œil.*

POTENIER (Joachim)

35 — *La Vierge et l'Enfant Jésus.*

POURBUS (Attribué à Pierre)

36 — *Portrait d'Homme.*

REMBRANDT (Genre de)

37 — *Portrait de Vieillard.*

RUBENS (D'après P.-P.)

38 — *L'Enlèvement des Sabines.*

RUYSDAËL (Genre de J.)

39 — *Paysage boisé avec figures.*

TIÉPOLO (École de J.-B.)

40 — *Portrait de Dame de qualité.*

VAN DYCK (Attribué à)

41 — *Le Christ en croix.*

VAN LOO (Carle)

42 — *Le Concert.*

VAN THULDEN (Th.)

43 — *La Vierge, l'Enfant Jésus et saint Jean.*

VERELST (P.)

44 — *La Source.*

Un jeune seigneur en élégants atours, assis sur la margelle de la source, présente à une jeune fille une coquille remplie d'eau.
Signé.

VERNET (Joseph)

45 — *Les Baigneuses.*

Abritées par des rochers tapissés de verdure, elles prennent leurs ébats dans la mer et sur le rivage. A droite, s'éloigne une paysanne portant ses deux paniers. En perspective apparaissent des voiliers et des barques chargées de bateliers. Horizon très clair.
La gravure accompagne ce tableau.

VIDAL (L.)

46 — *Nature morte : volailles et fleurs.*
Signé.

WATTEAU (Attribué à Louis)

47 — *Le Bivouac.*

WETTE (François de)

48 — *Le Christ prêchant.*

ÉCOLE ALLEMANDE (XVIe siècle).

49 — *L'Adoration de l'Enfant.*

La Vierge est agenouillée, les mains jointes, devant son divin Fils. Saint Joseph éclaire cette scène très curieuse de l'adoration ; des enfants sont agenouillés, dont un revêtu d'une chape ; d'autres personnages debout, tenant un chien en laisse, apparaissent par une baie ouverte à gauche ; à droite, d'autres personnages apparaissent sur une montagne où paissent des troupeaux.

Cadre en bois ancien.

ÉCOLE ALLEMANDE (XVIe siècle).

50 — *Le Denier de Judas.*

Composition de onze personnages.

ÉCOLE ALLEMANDE (XVIe siècle)

51 — *Portrait de Gentilhomme.*

ÉCOLE ALLEMANDE (XVIIIe siècle).

52 — *Portrait de Jeune Homme.*

Pastel.

ÉCOLE DE BRUGES

53 — *La Messe de saint Grégoire en diptyque.*

L'évêque agenouillé devant l'autel, les mains jointes ; près de lui, deux prélats, l'un tenant les saints Évangiles et l'autre un encensoir ; derrière eux, un personnage vêtu de noir et, près de l'autel, un autre assistant. Représentation du volet de droite.

Celle du volet de gauche représente sur l'autel le Christ descendu de la croix avec le sang coulant de ses meurtrissures. Un moine agenouillé tenant l'encensoir, et, au second plan, un cardinal tenant à la main un missel enluminé.

Peintures très intéressantes par le coloris des costumes et le bel état de conservation.

ÉCOLE FLAMANDE

54 — *Le Départ pour la chasse.*

Au premier plan, cavaliers et amazones avec la meute vont s'engager sur la grande route qui s'étend à droite à travers un paysage montagneux.

Cadre en bois sculpté, parties dorées.

ÉCOLE FLAMANDE

55 — *Fleurs et fruits.*

Deux pendants.

ÉCOLE ESPAGNOLE

56 — *Portraits de Philippe III, Roi d'Espagne, et de la Reine.*

Deux pendants.

ÉCOLE FLAMANDE

57 — *La Vierge allaitant l'Enfant Jésus.*

Fond de paysage.

ÉCOLE FLAMANDE (XVIe siècle)

58 — *Saint Gérôme.*

Dans un paysage montagneux arrosé par un cours d'eau animé de personnages et de voiliers.

ÉCOLE FLAMANDE

59 — *Portrait d'Homme en pied.*

Debout, près d'une mappemonde, avec longue chevelure tombant sur les épaules.
Cadre guilloché.

ÉCOLE FLAMANDE

60-61 — *Vases fleuris.*

Deux pendants.

ÉCOLE FLAMANDE

62 — *Paon, poules et pigeons.*

ÉCOLE FLAMANDE

63 — *Le Christ recevant la couronne d'épines.*

Cadre en bois sculpté.

ÉCOLE FLAMANDE (XVe siècle)

64 — *La Mise au tombeau.*

La Vierge éplorée, enveloppée dans un manteau bleu, les mains jointes, donne l'impression de la plus profonde douleur. Les autres personnages qui l'entourent sont, les uns avec auréoles, les autres coiffés de bonnets très caractéristiques. L'un d'eux, qui tient le Christ, est revêtu d'un costume remarquable en brocart d'or et vert. Les sept figures qui composent cet intéressant panneau ont checune une expression des plus intéressantes.

ÉCOLE FLAMANDE (XVIe siècle)

65 — *La Vierge, l'Enfant Jésus et sainte Anne.*

ÉCOLE FLAMANDE (XVIe siècle)

66 — *Le Christ mort, sur les genoux de la Vierge.*

ÉCOLE FLAMANDE (XVIe siècle)

67 — *La Vierge au perroquet.*

ÉCOLE FLAMANDE (XVIIe siècle)

68 — *La Sainte Famille.*

ÉCOLE FLAMANDE (XVIIe siècle)

69 — *Portrait de Gentilhomme.*

Daté : *1612.*

ÉCOLE FRANÇAISE (XVIIIe siècle)

70 — *Le Concert dans le parc.*

Gouache.
Cadre en bois doré.

ÉCOLE FRANÇAISE (XVIIIe siècle)

71 — *Jeune Femme et Enfants.*

Gracieuse composition pour trumeau.

ÉCOLE FRANÇAISE

72 — *Portrait de Soldat de l'Empire.*

ÉCOLE FRANÇAISE

73 — *Notre-Dame de Lorette.*

ÉCOLE FRANÇAISE

74 — *Jeune Enfant étendu sur un canapé.*

ÉCOLE FRANÇAISE

75 — *Le Départ du soldat.*

ÉCOLE FRANÇAISE

76 — *La Visite.*

Composition de cinq personnages en riches atours.

ÉCOLE FRANÇAISE

77 — *Portrait de Jeune Fille.*

Debout, près d'une colonne, vêtue d'une robe bleue décolletée et tenant une guirlande de fleurs.

ÉCOLE FRANÇAISE

78 — *La Toilette de la fiancée.*

ÉCOLE FRANÇAISE (XVIIIe siècle)

79 — *Le Réparateur de porcelaines.*

ÉCOLE FRANÇAISE (XVIIIe siècle)

80 — *Portrait d'Homme en armure.*

ÉCOLE HOLLANDAISE

81 — *Portrait de Femme.*

Avec coiffe noire, retenue par des pendantifs en pierreries et perles.

ÉCOLE HOLLANDAISE

82 — *Portrait de Femme à collerette.*

ÉCOLE HOLLANDAISE

83 — *Portrait de Femme.*

La tête tournée de trois quarts vers la gauche, vêtue d'une robe noire avec empiècement blanc.

ÉCOLE ITALIENNE

84 — *La Vierge allaitant l'Enfant Jésus.*

ÉCOLE ITALIENNE

85 — *La Belle Féronera.*

ÉCOLE ITALIENNE

86 — *Le Christ en croix.*

ÉCOLE ITALIENNE

87 — *La Vierge, l'Enfant Jésus et saint Jean.*

ÉCOLE ITALIENNE (XVIIe siècle)

88 — *Nature morte.*

ÉCOLE ITALIENNE

89 — *Paysage avec figures.*

ÉCOLE ITALIENNE (XIVe siècle)

90 — *La Vierge et l'Enfant Jésus.*

ÉCOLE ITALIENNE (XVIIe siècle)

91 — *La Naissance du Christ.*

ÉCOLE ITALIENNE (XVIIe siècle).

92 — *Scène allégorique.*

ÉCOLE DU XVe SIÈCLE

93 — *Saint Denis et saint Pierre.*

94 — *Saint Jean et le Christ.*

Intéressant par les costumes sacerdotaux et les physionomies des personnages

Deux pendants.

ÉCOLE DU XVIe SIÈCLE

95 — *Triptyque.*

Le panneau du milieu représente la Nativité. Quinze personnages sont groupés autour de l'Enfant et de la Vierge. Sur les volets de gauche et de droite sont représentés les donataires en costumes noirs à collerettes blanches, agenouillés sous l'égide de saint Jean et de sainte Catherine.

ÉCOLE DU XVIe SIÈCLE

96 — *Sainte.*

Debout, tenant un glaive.

ÉCOLE DU XVIIe SIÈCLE

97 — *Saint Gérôme.*

ÉCOLE DU XVIIe SIÈCLE

98 — *La Résurrection.*

Dans un palais d'architecture somptueuse, avec fronton cintré orné d'une peinture en grisaille représentant le Triomphe de saint Michel, apparaît le Christ rédempteur, presque nu, drapé dans un manteau rouge. A ses pieds, saint Joseph touche en s'agenouillant la blessure qu'il a au sein droit. La Vierge, en religieuse, joint ses mains en le regardant avec adoration, et sous une arcade apparaît sainte Anne dans un costume merveilleux de richesse et d'originalité. De chaque côté sont étagés six sujets allégoriques à la vie du Christ ; composition de nombreux personnages.

L'ensemble de ce panneau présente par sa composition un charme incontestable

L'encadrement offre des inscriptions sur fond d'or.

ÉCOLE DU XVIIe SIÈCLE

99 — *Les Noces de Cana.*

Peinture sur bois dans la manière d'Ambroise Franck.

ÉCOLE DU XVe SIÈCLE

100 — *Le Christ en croix pleuré et adoré par les Saintes Femmes.*

Peinture sur fond d'or.
Fragment de rétable.

ÉCOLE DU XVe SIÈCLE

101 — *L'Adoration de l'Enfant Jésus.*

Miniature provenant d'un missel, peinture intéressante enluminée d'or.

ÉCOLE DU XVIe SIÈCLE

102 — *La Visitation.*

Composition de quatre figures.

ÉCOLE ANCIENNE

103-104 — *Marines.*

Deux dessus de portes

A. B.

105 — Vase en pierre sculptée, à décor de mascarons reliés par des guirlandes de feuillages remplis de fleurs.

106 — Tableaux non catalogués.

SCULPTURES

107 — Groupe : Vierge tenant l'Enfant Jésus. Sculpture sur bois. Travail flamand, XVIe siècle.

108 — Statuette : Sainte Catherine debout tenant l'Évangile dans la main droite. Un personnage couché à ses pieds. Travail flamand, XVIe siècle.

109 — Statue : Un personnage debout tenant un écusson à la main. Sculpture sur bois. Travail italien, XVIe siècle.

110 — Groupe en haut relief : La Vierge entourée de cinq personnages. Sculpture sur bois. France, XVIe siècle.

111 — Groupe en haut relief : cinq personnages à cheval et debout. Sculpture sur bois. France, XVIe siècle.

112 — Groupe : Piéta. Sculpture sur bois relevé de vestiges de dorure. Italie, XVe siècle.

113 à 116 — Six statuettes : les Apôtres. Sculpture sur bois. XVe siècle. (Sera divisé.)

117 — Statuette : Évêque assis. Sculpture sur bois avec vestiges de peinture. XIVe siècle.

118 — Statuette : Saint Michel terrassant le dragon. Sculpture sur bois. XVe siècle.

119 — Groupe en bois sculpté : Sainte debout tenant l'Évangile d'une main, avec personnage à ses pieds. xve siècle.

120 — Groupe en ivoire : le Christ enchaîné et un autre personnage l'accompagnant. xvie siècle.

121 — Groupe en ivoire : la Vierge et l'Enfant. xvie siècle.

122 — Volet de dyptique en ivoire : le Christ en croix et les Saintes femmes. xve siècle.

123 — Groupe en ivoire : la Vierge assise tenant l'Enfant Jésus sur ses genoux. xvie siècle.

124 — Buste : la Vierge. Sculpture sur pierre. xve siècle.

OBJETS DE CURIOSITÉ

125 — Ostensoir en cuivre, pied cintré, bords gravés, couvercle surmonté d'une croix. XVe siècle.

126 — Bras reliquaire en cuivre repoussé avec main en bois noir. XVe siècle.

127 — Bras reliquaire en bois sculpté avec fermeture en fer. XVe siècle.

128 — Christ sur croix en bronze. XIVe siècle.

129 — Coffret en cuir gravé. XVIe siècle.

130 — Objets de curiosité non catalogués.

www.ingramcontent.com/pod-product-compliance
Ingram Content Group UK Ltd.
Pitfield, Milton Keynes, MK11 3LW, UK
UKHW032038260826
14628UKWH00007B/3041

9 782329 528830